Christian Wahl
Kristin Schulze

Allein durch Liebe wird keine*r satt

Christian Wahl
Kristin Schulze

Allein durch Liebe wird keine*r satt

im Dialog mit Jauqe dé Shazer

Bloggingbooks

Imprint

Any brand names and product names mentioned in this book are subject to trademark, brand or patent protection and are trademarks or registered trademarks of their respective holders. The use of brand names, product names, common names, trade names, product descriptions etc. even without a particular marking in this work is in no way to be construed to mean that such names may be regarded as unrestricted in respect of trademark and brand protection legislation and could thus be used by anyone.

Cover image: www.ingimage.com

Publisher:
Bloggingbooks
is a trademark of
Dodo Books Indian Ocean Ltd. and OmniScriptum S.R.L Publishing group
Str. Armeneasca 28/1, office 1, Chisinau MD-2012, Republic of Moldova, Europe
Printed at: see last page
ISBN: 978-620-2-47638-6

Copyright © Christian Wahl, Kristin Schulze
Copyright © 2022 Dodo Books Indian Ocean Ltd. and OmniScriptum S.R.L Publishing group

„Hoch die Tassen, Geld verprassen, gutgehen lassen!“

(Claudia Obert)

Vorwort

Jaque dé Shazer – ein Name, der vielen Menschen auf dieser Welt bekannt sein dürfte. Kosmopolit, weltoffen und weise, vielen Genüssen zugetan, gebildet, berühmt, schön, ein Schwiegermutterliebling der seines Gleichen sucht und einen Lebensstil hat, den sich viele wünschen.

Mit seiner Art begeistert er seit langem einen exklusiven Kreis von Menschen, die zu seinen Freunden, Fans und Followern zählen und nach seinem Vorbild zu leben versuchen. Wo er auf der Welt ist, hinterlässt er stets Spuren, die prägend und nachhaltig sind.

Einige Monate durften wir Jaque dé Shazer in seinem extravaganten und aufregenden Leben begleiten, von ihm lernen mit ihm genießen und vor allem: Das erleben, was auch unser Leben nachhaltig verändert hat: DEM Jaque dé Shazer nahe zu sein!

In diesem Buch möchten wir Ihnen einen Einblick in das Leben dieses extraordinären und unglaublich tollen Menschen geben, wie es noch nie zuvor möglich gewesen ist.

In unseren tiefgründigen und hochgeistigen Gesprächen mit Jaque dé Shazer, die oft in Diskursen auf der Metaebene, bzw. noch übergeordneter Ebenen mündeten, haben wir die Erkenntnis gewonnen, dass sich viele Menschen fragen: Wovon lebt eigentlich Jaque dé Shazer? In dieser Frage geht es nicht um das materielle, monetäre Hier, denn der pekuniäre Reichtum von Jaque dé Shazer ist keiner Frage wert. Es geht viel mehr um das intentionale Dort, einer Welt außerhalb der Grenzen dessen, was wir uns vorstellen können: Die Ernährung von Jaque dé Shazer.

Als wir ihn auf dieses Thema ansprachen prägte er in seiner Weisheit folgenden Satz, der als Titel für dieses Buch mehr als angemessen ist: „Allein durch Liebe wird keine*r satt."

Jaque dé Shazer bot uns daraufhin einen Einblick in seine Nahrung, deren Zubereitung und in seine Küchen in seinen Wohnsitzen auf der Welt. Wir möchten Ihnen zeigen, was wir gelernt haben, was wir mit ihm in L.A., Hawaii, Monaco und vielen seiner weiteren Aufenthaltsorte gegessen haben; und ihnen die gewonnenen Rezepte aus Jaque dé Shazers Perspektive, als Anleitung zum nachkochen geben. Ganz wie es in den Bloomschen Lernzieltaxonomien gelehrt wird. Immer jedoch genau so, wie er es uns beigebracht hat.

Zu jeder Speise und jedem Getränk bieten wir Ihnen auch Bilder, so wie Jaque dé Shazer uns die Speisen dargeboten hat. An dieser Stelle muss erwähnt werden, dass Jaque dé Shazer in seinen Ausführungen auf ein förmliches Sie verzichtet und uns die Rezepte in der Du-Form erlaubt hat, nah an seinem gesprochenen Wort, zu veröffentlichen.

Wir wünschen Ihnen viel Spaß beim kochen, viele Erkenntnisse aus den Worten dieses außergewöhnlichen Mannes und beglückwünschen Sie zum Kauf eines Kochbuches, dass es in der Form noch nie gab und vielleicht nie wieder auf dieser Welt geben wird.

Herzlichst

Kristin Schulze und Christian Wahl

Inhalt

Kapitel 1: Gebäck dé Shazer

Gebäck. Ein Nomen, ein gebackenes Erzeugnis, dass seit Jahrtausenden in verschiedenen Formaten von vielen Kulturen hergestellt wird. Tauchen Sie mit uns in diesem Kapitel in die Backöfen von Jaque dé Shazer ein. Vermutlich werden Sie die Gerüche, die wir bei der Herstellung der Speisen in uns aufnehmen durften, schon beim lesen der Rezepte erahnen können.

Den Geschmack der Kreationen von Jaque dé Shazer, mit denen er sich ernährt, werden Sie aber erst dann erfahren, wenn Sie selbst in die Zubereitung und die Verspeisung einmünden.

Jaque dé Snack

Jaque dé Snack – ein Gebäck, dass zu jeder Jahreszeit passt und diversitygeeignet ist, da es beliebig kreiert werden kann. Ich esse es gern in L.A. gemeinsam mit Freunden. Es ist warm und kalt ein echter Hit!

Du brauchst nicht viel! Und easy herzustellen ist es auch noch! Pass auf:

Kauf ein Brot, am besten ein halbgraues, rundes. Weißes geht auch, aber bloß kein Schwarz- oder Körnerbrot. Das geht in die Hose!

Willst Du es wie ich essen, dann arbeite die Einkaufsliste ab:

1 Brot

1 Tüte geriebenen Cheddar

1 Stück Butter

1 Bund Frühlingszwiebeln

Salz und Pfeffer

1 Knoblauchzehe (falls Du Odeur wünscht)

Und jetzt?

Keine Panik und chillen – Baby!

Das Brot schneidest Du in Karos ein (so wie ich es auf dem Bild gemacht habe).

Darin die Butter und die anderen Zutaten verteilen, würzen nach Deinem Gaumen und bei dann für 30 Minuten ab in den vorgeheizten Ofen bei 180°C.

Aber pass auf! Das Ding ist mega heiß, wenn es aus dem Ofen kommt und durch den Käst verbrennst Du Dir leicht Deine wunderschöne Schnute! Also warte mal 5 Minuten bevor Du reinhaust!

Jaque Dip Shazer

Empörung ist etwas sehr gesundes; lass Dir nichts anderes einreden! Und es ist vollkommen ok, wenn Du auf der xten Party eingeladen bist und es gibt wieder das Standardfood von dem angesagten Caterer, der halb Montecarlo beliefert und Du denkst Dir: „Och nee... immer der gleiche Mist."

Nein! It's your party, and you cry if you want to! Aber das bleibt Dir erspart Baby, denn Du hast Jaque an Deiner Seite! Hurra!

Pass auf! Damit Du nicht den Kram auftischen lässt, den alle anderen haben, geh selbst zur Hand. Aber vorher einkaufen!

Du kaufst:

1 KG Mehl

Olivenöl

Salz

Jede Menge Dips

Und dann legst Du los! Aber Girls and Boys! Händewaschen nicht vergessen!

Hau das Mehl in eine große Schüssel. Kipp gute 500ml H2O dazu. Olivenöl bei (so 15 EL auf die Menge) und Salz. Fünnef Prisen und das Ding wird der Hammer.

Ärmel hoch und richtig durchkneten (dann sparste Dir den Tag auch Dein Workout und Dein Personaltrainer hat mal frei – mach die Menschen glücklich, so wie Jaque dé Shazer Dich glücklich macht).

Zurück zum Kneten:

Wenn der Teig richtig gut ist, dann mach dünne Fladen draus und leg sie in eine nicht gefettete Pfanne. Von beiden Seiten braten, bis es so aussieht, wie von mir gemacht. Dips dazu und die Party geht ab!

Jaque 'n egg

Irgendwer hat mal gesagt, dass Frühstück eine wichtige Mahlzeit ist. Ja, auch Jaque dé Shazer sagt das, also stimmt das auch. Wer das gesagt hat, ist ja egal, solange ich das auch sage.

Ne gute Tasse Kaffee, ein Toast, ein Ei, ein Brötchen, ein Brei, Schokolade, Marmelade, Schublade... Ja ja, das gibt's alles schon und Du kennst es in- und auswendig. Aber Baby – pass auf was Jaque dé Shazer frühstückt!

Was brauchste?

Weißmehlbrotscheiben (so viele Du magst)

1 Liter Milch

2 Hühnereier

Butter oder im Notfall auch Öl

Zucker oder Salz oder ein Gewürz, das Du magst.

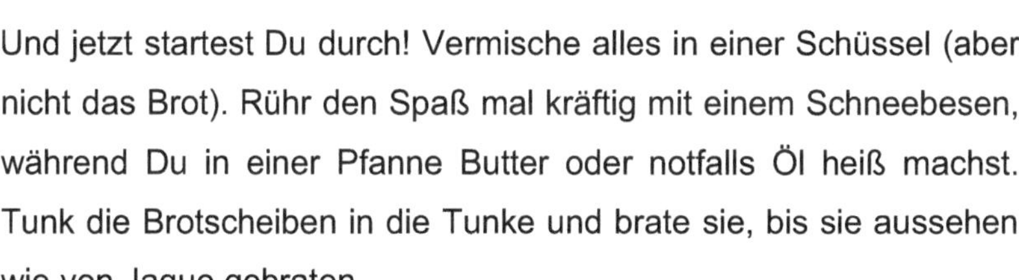

Und jetzt startest Du durch! Vermische alles in einer Schüssel (aber nicht das Brot). Rühr den Spaß mal kräftig mit einem Schneebesen, während Du in einer Pfanne Butter oder notfalls Öl heiß machst. Tunk die Brotscheiben in die Tunke und brate sie, bis sie aussehen wie von Jaque gebraten.

Dann iss, starte in den Tag, denk an Jaque dé Shazer, sing ein schönes Lied, geh mit Liebe durch die Welt und verbreite Jaque's Botschaft.

Kapitel 2: Jaque dé likat

Eine Hauptspeise, das piéce de résistance, ist ein wichtiger Bestandteil der Ernährung eines jeden Menschen. Und so ist es auch bei Jaque dé Shazer. In der Zeit, in der wir ihn begleiten durften, haben wir gemeinsam viele Mahlzeiten mit ihm eingenommen und waren von jeder seiner Kreationen begeistert. Jaque dé Shazer versteht es Komponenten bewusst zusammenzufügen um ein Essen herzustellen, welches nicht nur satt, sondern auch glücklich macht.

Bei jedem Bissen, den wir aßen, schmeckten wir die Liebe, die in den Gerichten steckt.

Kochen Sie es nach, werden Sie bereits bei der Zubereitung Liebe empfinden und spüren, was der großartige, hoch verehrte gute Herr Jaque dé Shazer mit seiner Botschaft der Liebe in der Welt meint.

Jaque dé liziös

Love is in the air baby! Genau das wirst Du spüren, wenn Du Jaque dé liziös zubereitest. Ein herzhaftes Gericht, dass in eben diesem Organ eine Bleibe finden wird, genau wie Jaque dé Shazer!

Allein das Bild wird Dir schon zeigen, dass Du unbedingt sofort alle Zutaten holen musst um loszulegen. Worauf wartest Du? Schau mal:

Bist Du im Hier und Jetzt wieder angekommen? Great baby! Dann listen to Jaque dé Shazer und schreib Dir eine Einkaufsliste!

1KG Thüringer Mett

1 Hühnerei

Paniermehl

Senf

1 – 2 Zwiebeln

Wasch Dir die Händchen und leg los! Schneide oder wenn Du kannst muß die Zwiebeln klein. Wenn Du dabei weinen musst, denk an Jaque dé Shazer und aus den Tränen werden Tropfen aus kleinen Regenbögen, denn Du wirst sofort Liebe spüren.

Dann stell die Zwiebeln beiseite und trockne Deine Tränchen, denn es gibt keinen Grund mehr welche zu vergießen!

Leg das Thüringer behutsam in eine Schüssel hinein. Dann schlägst Du voller Elan das Hühnerei auf das Mett. Betrachte einen Moment, wohin es läuft.

Nun ist die Zeit für die Zwiebeln gekommen. Drüber damit! 1-2 Esslöffel Senf dürfen nicht fehlen. Also rein damit!

Misch alles gut mit Deinen Händen durch aber vergiss dabei die Liebe nicht! Sie ist das edelste Gewürz, dass Jaque dé Shazer in der Küche verwendet.

Hast Du alles schön durchknetet, geht es auch gleich weiter. Paniermehl nach Deinem eigenen Belieben einstreuen, denn es muss ja halten, wenn Du im nächsten Schritt die Formen herstellst, die Du auf dem Bild aus Jaques Pfanne siehst! Brate sie in Öl bis sie so aussehen wie von Jaque und nimm dabei den Duft der Liebe wahr, der sich in dem Raum der Zubereitung entfaltet. Du kannst Jaque dé liziös warm und kalt genießen.

Soße Bolgnazer

Immer wenn ich auf meinem Orangenhain am Lago Maggiore bin überkommt es mich. Das Gefühl nach frischer Pasta mit meiner unvergleichlichen Soße Bolognazer. Es wird Dir genauso gehen, also schreib Dir die Einkaufsliste, setz Dich, wie Jaque dé Shazer in den Maserati Quattroporte, mach Dir ne geile Musik an und düse los zum Markt.

Du kaufst ein:

1 KG Rindermett

1 Flasche passierte Tomaten von Francesco Mutti (denn keine*r liebt Tomaten so wie er)

Pizzagewürz

Salz

Pfeffer

Ölivenöl

2 Möhren

1 Töpfchen Boullion Pur Rind von Knorr

1 Flasche Cremefine zum Kochen

Wieder zu Hause fängst Du an: Schäle die Möhren und schneide sie in kleine Würfel. Mit jedem Würfel kommst Du dem Ziel näher und mit jedem Schritt zum Ziel bist Du im Herzen näher bei Jaque dé Shazer.

Nun hol dir einen Topf, wenn's geht einen gusseisernen und bedecke den boden mit Olivenöl. Wenn das Öl schön heiß ist, gibst

Du das Rindermett hinein und stößt es mit einem Küchengerät Deiner Wahl klein. Gib noch das Töpfchen Boullion drauf. Mach das so lange klein, bis es anfängt von rot auf grau zu wechseln. Dann mein Süßie, leg die Möhren dazu und lass das ganze schön anbraten.

Jetzt greifst Du Dir die Flasche von Francesco Mutti und gießt sie über Dein Mett-Möhren-Liebe-Gemisch. Schön umrühren! Und nun noch der Pfiff: Pizzawürzer, Salz und Pfeffer drüberstreuen, die Cremefine rein und noch mal schön rühren. Jetzt lass den geilen Scheiß köcheln. So 10 – 15 Minuten reichen schon aus. In der Zeit kannst Du an Jaque dé Shazer denken.

Schmeck es ab. Wenn es Dir schmeckt, dann kannst Du es essen. Sonst musst Du nachwürzen.

Helmut Kohleintopf

Wenn Du Kohl magst, wirst Du das Rezept, wie auch alle anderen Rezepte von Jaque dé Shazer, lieben! Wollen wir anfangen? Dann los, schreib Dir eine Einkaufsliste.

1 Weißkohl

1,5 KG Kartoffeln

3 Zwiebeln

2 Töpfchen Boullion Pur Rind

1KG Rindersuppenfleisch (1 KG wegen Knochen!)

Pfeffer und Salz

Alles da alles klar? Dann legen wir los. Nimm einen grooooßen Topf und koch das Fleisch mit Wasser und den Boulliontöpfchen aus, bis es weich ist. Dann raus aus dem Topf damit. Aber Girls an Boys: nicht wegwerfen, sondern auf einen Teller legen, das braucht Ihr noch!

Während das Fleisch kocht, schält und schneidest Du das Gemüse klein. Das packst Du dann in den Topf, wenn Du das Fleisch rausholst. Wenn der Wasserpegel zu niedrig ist, ver2fel nicht, Jaque dé Shazer lässt Dich nicht im Stich und hat die Lösung: füll einfach Wasser auf!

Dann kochste das, bis es weich ist. Das dauert so ca. ½ bis ¾ Std.

Das Fleisch schneidest Du in der Zeit klein. Dann hauste das auch rein. Mit den Gewürzen würzen, noch mal ½ Std. köcheln lassen und abschmecken. Wenn es gut ist, dank Jaque dé Shazer für das schöne Essen. Wenn nicht, dank Jaque dé Shazer für den folgenden wertvollen Tipp: würz nach Belieben nach.

Be gentil like a lentil

Yeah Baby! Wir sind bei einer von Jaques Lieblingsspeisen angelangt! Erstmal fragst Du Dich bestimmt, warum a lentil gentil ist, oder? Kein Problem Jaque dé Shazer hat auch auf diese bedeutsame Frage eine Antwort: Sie tut Deinem Body einfach gut, genau wie Jaque dé Shazer.

Womit fangen wir nun an? Richtig! Einkaufen:

1,5 KG Kartoffeln

1 Bund Suppengemüse

1 Dose Linsen

2-3 Zwiebeln

Kasseler Rippchen oder Speck nach Belieben

Pfeffer

Salz

Majoran

So, denn ma to! Pack das Fleisch in einen Topf mit Wasser und koch es ½ Stunde schön aus. Schneide in der Zeit die Gemüsesorten jeglicher Couleur klein.

Dann hol das Fleisch aus dem Topf und leg das Gemüse herein. Wie immer gilt: wenn zu wenig Wasser drin ist, fülle welches nach. Aber nicht zu viel, sonst wird es eine dünne Plörre!

Schneide das Fleisch klein und gib es auch bei. Dann die Linsen zu. Jetzt würzt Du nach Belieben und lässt alles schön kochen, bis es weich ist.

Lass es Dir schmecken! Und wenn Du hinterher pupsen musst, ist das ok. Pupsen ist ein Zeichen tiefer Entspannung. Lass los und genieße das Leben!

π –Soup

Weißt Du, was ein Schmetterlingsblütler ist? Ja, ich weiß, Du denkst jetzt an Jaque dé Shazer, weil Schmetterlinge und Blüten etwas schönes sind. Leider daneben, aber das ist nicht schlimm, denn Jaque dé Shazer ist für Dich da. Ein Schmetterlingsblütler ist eine Pflanzengattung zu der auch die Erbse, in Englisch Pea gehört.

Und so entstand auf meinem englischen Landsitz, auf dem ich mich mit der Lady of Weston super Mare zum Kricket traf, diese unnachahmliche Suppe, die seither, nicht nur in den britischen Adelshäusern zum guten Ton gehört, erfunden wurde.

Möchtest Du sie nachkochen und ein Stück der Lebensgeschichte von Jaque dé Shazer in Dir aufnehmen? Klar möchtest Du das. Also schreib einen Einkaufszettel, aber vergiss nicht, ein Herz für Jaque draufzumalen.

1,5 KG Kartoffeln

1 Bund Suppengrün

1 Tüte Erbsen (2 Std. vorher einweichen!!!)

1 Eisbein (gepökelt)

2 Scheiben Speck

Pfeffer

Salz

Majoran

Thymian

Optional 1 – 2 Tüten Kartoffelpüree

Zunächst kochst Du das Fleisch aus. ½ Stunde reicht. In der Zeit schneide das Gemüse klein. Hol das Eisbein und den Speck aus dem Topf, gib das Gemüse hinein und koche es, während Du das Fleisch klein schneidest. Das kommt dann auch wieder mit in den Topf.

Nun lässt Du alles schön kochen und gibst die Gewürze nach Belieben dazu. Schmeck zwischendurch ab. Wenn Du beim Abschmecken an Jaque dé Shazer denkst, dann ist die Würze gut.

Schlussendlich solltest Du schauen, ob es Dir dick genug ist. Wie Michael Jackson sagte: „If you want to make the world a better place, think of yourself and make a chance."

Wenn Dir die Sämigkeit fehlt, so wie Debbie, der Lady of Weston super Mare damals, dann weine nicht, so wie sie. Denn Jaque dé Shazer rettet auch Dich und Dein Essen, so wie er die Lady gerettet hat. Gibt nach Belieben einfach Kartoffelpüree zu und du wirst die gewünschte Konsistenz erhalten Baby!

Ragout dé Shazer

My dearest Girls and Boys: ich bin mir sicher Ihr alle kennt und liebt Ragouts. Nicht so sehr wie Ihr Jaque dé Shazer liebt, aber irgendeine Art von Liebe werdet Ihr empfinden. Und wenn Ihr denkt, dass Ragout Fin schon was besonderes ist, dann werdet Ihr Ragout dé Shazer mehr als genüsslich finden.

Was brauchst Du?

1 KG Rindergulasch

1 Beutel kleine rote Zwiebeln

4 Knoblauchzehen

1 Dose Tomaten in Stücken

Öl

2 Lorbeerblätter

Salz

Pfeffer

Wollen wir? Dann los!

Die vielen kleinen, roten Zwiebeln musst Du jetzt pellen. Aber bitte lasse sie ganz. Ich weiß, diese Aufgabe ist schwer, aber Jaque dé Shazer ermutigt Dich mit den Worten von David Guetta: „I will never leave your side [...] So take my hand, don't be afraid [...] We'll get through it all togehter[...]".

So, das ist überstanden. Jetzt schälen wir noch die Knoblauchzehen togehter und machen sie klein.

Jetzt ist es Zeit Öl in einen Topf zu gießen und das Fleisch darin anzubraten. Während des Bratvorgangs lass Dich nicht zu sehr von Deinen Gedanken an Jaque dé Shazer ablenken, sondern würz es mit Salz und Pfeffer. Lege dann den Knoblauch zu und brate ihn kurz mit.

Fülle dann alles mit den Tomaten auf. Jetzt packst Du auch alles andere in den Topf dazu.

Und nun hast Du Zeit an Jaque dé Shazer zu denken. Lass das ganze 2 Stunden lang auf dem Herd. Erst soll es schön kochen, dann die letzten 1,5 Stunden köcheln.

Dazu passt übrigens sehr gut Jaque Dip Shazer (s. Kapitel 1).

Kartoschkas Geshazert

Kartoschkas Geshazert sind eine Erfindung, mit der ich, Jaque dé Shazer, schon viele Herzen all around the world habe höher schlagen lassen.

Wir alle kennen Kartoschkas (also Kartoffeln) in vielen vielen vielen vielen Varianten. Aber diese Variante ist nicht nur easy zu machen, sondern auch noch optisch schön; vom Duft und Geschmack mal ganz zu schweigen.

Also, lass und shoppen!

1, KG kleine Kartoffeln

Olivenöl

Rosmarienzweige

Grobes Salz

Wasche die Kartoffeln und lege sie auf ein Backblech, welches Du vorher mit Backpapier ausgelegt hast. Wenn Du nur große Kartoffeln hast, weine nicht, auch hierfür hat Jaque dé Shazer eine Lösung. Große Kartoffeln viertelst Du einfach. So wie auf dem Bild vorgezeigt!

Zurück zum Backblech: Wenn die Kartoffeln drauf sind, kippst Du gut Olivenöl drüber. Nicht geizig sein, so wie Jaque dé Shazer auch mit seiner Liebe für Dich nicht geizt! Dann die Rosmarienzweige kleingezupft darüber verteilen. Zum Abschluss noch das grobe Salz herüberstreuen und alles in den Ofen bei hoher Temperatur so lange backen, bis die Kartoschkas weich sind.

Aber pass auf! Die verbrennen auch schnell und dann haste brandenburger oder wenn's hoch kommt sogar schwarzwälder Art und das soll nicht sein.

~~Dicke Fritten~~ Kartoffelsalat

Auf Partys, zu einem Würstchen, zu einer Fleischwurst oder einfach nur so, der Kartoffelsalat von Jaque dé Shazer ist ein Highlight, welches keinen Anlass braucht.

Auf meinem Gestüt in Liechtenstein, mit Blick auf die Alpen, habe ich auf einem Zebra reitend diese Speise erfunden und genauso wild und romantisch, wie die Vorstellung von Jaque dé Shazer in diesem Szenario ist, schmeckt das ganze auch.

Ready? Dann gehen wir einkaufen:

1,5 KG Kartoffeln

5-6 Hühnereier (bitte nicht vom Haubenhuhn)

Gute Majonäse

Salz

Pfeffer

1-2 Zwiebeln

Koch die Kartoffeln als Pellkartoffeln und die Hühnereier wie man halt hartgekochte Hühnereier kocht.

In der Zeit schneidest Du die Zwiebeln klein.

Die Kartoffeln und die Hühnereiner pellst Du, schneidest sie klein und tust sie in eine große Schüssel. Lass sie abkühlen vor dem nächsten Schritt. Der besondere Tipp von Jaque dé Shazer: Wenn Du das Naschen beim Kleinschneiden nicht lassen kannst, pfeif dabei ein Lied!

Menge dann alles miteinander durch, lass den Kartoffelsalat ziehen und genieße ihn.

Gwerch dé Shazer

Trixi, die Gräfin von Übersee frug mich einst, ob es möglich wäre, dass wir gemeinsam für den Besuch von unserer Freundin Cher etwas kreieren können, dass strong enough ist, ihren Gaumen zu beflügeln. Ich frug sie daraufhin: „Do you believe in Jaque dé Shazer?“ Sie nickte mit Tränen in den Augen und rief voller Glückshormone: „Yeah Jaque!“ Und so ging es ans Werk, dass Du nun exklusiv nachmachen kannst.

Besorg Dir dazu:

1 Fleischwurst

Geschnittenen Emmentaler

1 Zwiebel

Eingelegte Gurken

1 Flasche Sylter Salatsoße

Alles klein machen, durchmengen, Sylter Salatsoße drüber und bei Bedarf mit Pfeffer und Salz würzen.

Kapitel 3: Jaque Dessertazer

Versuchungen sind süß. Und genauso süß ist das Leben des großartigen Jaque dé Shazer, den wir begleiten durften.

Oft ließ er uns von den Versuchungen kosten, die er erfand und in seiner unnachahmlichen Art zubereitet hat.

Es ist uns, als wäre es gestern, wenn wir die Gerüche der duftenden Gebäckstücke in unseren Erinnerungen hervorrufen.

Aber nicht nur Gebäck, auch mit Cremespeisen kann Jaque dé Shazer überzeugen. Zugegeben, dies wird niemanden verwundern.

Wir haben die Top 4 der besten Süßspeisen des lieben Herrn Jaque dé Shazer für Sie zusammengestellt, so wie er es uns gelehrt hat sie zu zubereiten. Kommen Sie mit in den Himmel der Süßspeisen von und mit dem einzigartigen, unglaublichen und unnachahmlichen Jaque dé Shazer.

Heaven must be missing a Shazer

Eine Speise aus dem Himmel! Der Geschmack? Wie eine Umarmung von Jaque dé Shazer. Willst Du in dein Himmel des Geschmacks eintauchen? Dann geh einkaufen:

1 KG Erdbeeren (nach Geschmack auch andere Früchte möglich)

2 Becher Sahne

2 Päckchen Sofortgelatine

Zucker

So, wenn Du alles da hast, nimm Jaque dé Shazers Hand und steig mit mir den Regenbogen entlang gen Himmel.

Koche die Erdbeeren mit 3-4 Esslöffeln Zucker und püriere das ganze hinterher.

In das nun entstandene Püree gibst Du die Sofortgelatine hinein, rührst gut durch und lässt es abkühlen. Derweil denk an Jaque dé Shazer!

Wenn das abgekühlt und fest ist, schlage die Sahne mit einem Handrührgerät auf und hebe sie nach und nach unter die Erdbeermasse.

Das ganze noch mal für ca. 2 Stunden in den Kühlschrank und dann kannst Du den Himmel auf dem Löffel genießen.

Jaqueamissu

Ciao ciao! Die süßeste Versuchung Italiens ist, neben Jaque dé Shazer, wenn er im Land ist, wohl die Süßspeise, die Jaque dé Shazer selbst perfektioniert hat. Das Jaquamissu. Du brauchst nicht viel, um es perfekt herzustellen. Du muss nur folgendes einkaufen:

500g Mascarpone

1 Becher Sahne

1 Packung Löffelbiskuits

Espresso

Amaretto

Kakaopulver

Dekoobjekte, wie bspw. Beeren

Leg los. Koch 5 Puppentässchen Espresso. Eins für Dich und 4 für das Jaquamissu. Das für Dich trinkst Du und nimmst einen guten Schluck auf Jaque dé Shazer. Die anderen Puppentässchen lässt Du abkühlen.

Jetzt mischst Du die Sahne mit der Mascarpone. Schön verrühren, bis eine gleichmäßige Masse entsteht. Lege Löffelbiskuits in eine Schale bis der komplette Boden bedeckt ist. Gib den kalten Espresso und nach Belieben Amaretto drüber. Dann verteil die Creme darauf.

Bestreue oben drauf alles mit Kakao und verziere beim Servieren die Stücke mit den auf der Einkaufsliste erwähnten Dekoobjekten. Hier noch ein besonderer Tipp: Wenn Du, so wie ich möchtest, dass das Topping einen Touch bekommt, kannst Du es für die Atmo auch leicht mit Puderzucker besteuen.

Shazercake

Der Shazercake ist ein sehr besonderer Kuchen. Er ist bereits in vielen Kreisen beliebt und zu unterschiedlichen Anlässen zu finden. Die Prinzessin von Egenstedt bspw. serviert ihn in einem jeden Jahr zu ihrem Feste anlässlich des Buß- und Bettages und dankt in ihrer Ansprache mir, Jaque dé Shazer für den wundervollen Kuchen. Lass Dich verführen von diesem Kuchen, der den Namen Shazercake nicht umsonst trägt.

Was muss Du haben?

Für den Teig:	Für die Füllung;
250g Mehl	250g Butter
125g Zucker	250g Zucker
125g Butter	6 EL Speisestärke
½ Päckchen Backpulver	2 Päckchen Vanillepuddingpulver
	1 KG Quark (Vollfett)
	1 Zitrone
	4 Hühnereier
	½ Päckchen Backpulver
	2 Päckchen Mohnback

Und nun geht's los! Mach Dich bereit Baby! Du nimmst die Zutaten für den Teig, gibst sie alle in eine Schüssel und knetest sie zu einem Teig.

Am besten geht das, wenn Du Dir vorstellst, wie Du Jaque dé Shazer massierst.

Den Teig drückst Du am Boden und an den Rändern einer eingefetteten Springform gleichmäßig fest. Achte darauf, dass keine Löcher oder Risse entstehen. Das Ding muss absolut dicht sein!

Wenn Du das geschafft hast, spürst Du, wie stolz Jaque dé Shazer in diesem Moment auf Dich ist. Beflügelt davon nimmst Du Dir das Mohnback. Verteile es auf dem Boden deines Teiges in der Springform gleichmäßig.

Nun rührst Du mit einem Mixer alle Zutaten für die Füllung zusammen, die Du noch hast. Außer die Zitrone. Die presst Du aus und schüttest den Saft rein. Dann lässt Du das alles auf die Mohnmasse fließen und stellst den Shazercake bei 180°C bis 200°C für eine Stunde in den Ofen. Achtung: Mach nicht die Tür auf, sonst fällt der Kuchen ein!

Wenn er abgeküht ist, öffne die Springform und genieße diesen besonderen Kuchen!

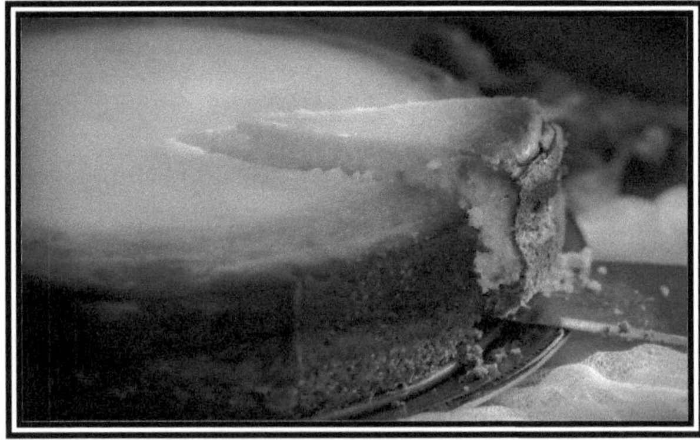

Jaque dé Caker

Dieser Kuchen ist außergewöhnlich, wie ich selbst, the one an only Jaque dé Shazer! Auf den ersten Blick ist dieser Kuchen gar kein Kaffee und Kuchen Kuchen, sondern eher etwas fürs Abendbrot. Aber hör auf Jaque dé Shazer, wenn ich sage: Nein! Der ist für Kaffee und Kuchen gedacht!

Bist Du gespannt? Entspann Dich, Jaque ist bei Dir!

Zunächst organisierst Du:

½ KG Möhren

12 Hühnereier

½ KG Zucker

½ KG geriebene Mandeln

Stärkemehl

Arrak

Zimt

ggf. Marzipanmöhren für die Garnitur

Und jetzt geht's los! Schäl die Möhren und reibe sie zu einem feinen Brei. Dann trenn die Hühnereier, also Dotter und Eiklar.

Den Dottern gibst Du den Zucker bei und schlägst den Spaß schaumig. Jetzt die Mandeln und die Möhren drauf.

Jeweils 4 Esslöffel Stärkemehl und Arrak dazu und wieder unterrühren. Ach ja und ½ Teelöffel Zimt auch noch.

Jetzt Vorsicht! Wir haben ja noch das Eiklar. Schlage es zu einem Eischnee auf und heb diesen ganz vorsichtig unter die Mische. Dann alles in eine gefettete Springform geben und bei 180°C 40 – 50 Minuten backen.

Kapitel 4: Hoch die Glazer

Wie Sie alle wissen, ist Jaque dé Shazer ein wahrer Genießer. Nicht nur beim Essen hat er uns in der Zeit, die wir mit ihm verbringen durften überzeugen können. Nein, auch bei Getränken ist Jaque dé Shazer ein einfallsreicher Mensch, dessen Geschmack stets den richtigen Nerv trifft.

Viele Gespräche in seinen Wohnsitzen, auf seiner Jacht, und in seinem Jet, die wir mit ihm führen durften hatten als Begleiter Getränke, die Jaque dé Shazer exklusiv kreiert hat und die in seinem Freundes- und Fankreis bekannt sind.

Die besten, und glauben Sie uns, diese Auswahl war schwer zu treffen, haben wir für Sie zusammengestellt und nach Jaque dé Shazers Worten niedergeschrieben.

Jaque Tee Shazer

Tee ist eine Spezialität, die seit Jahrtausenden getrunken wird. Tee ist gut für Körper und Geist, so wie es auch Jaque dé Shazer ist. Deshalb trinke ich gern Tee.

Der fünf Uhr Tee, erfunden von den Brit*innen ist ein erheblicher Beitrag für eine kultivierte Zivilisation.

Ich persönlich habe meinen eigenen Tee, den Du in Zukunft auch trinken wirst, wenn Du ihn einmal probiert hast.

Du brauchst:

1 Orange oder Zitrone

1 Fenchelknolle

Minzblätter oder Thymian

ggf. Honig

Koche Wasser auf. Während Du das machst, schneide die Zutaten in Stücke, bzw. rupfe die Blätter. Riech an den Zutaten und fühle die Kraft der Natur und die Liebe von Jaque dé Shazer, die in Dich einströmen.

Lege die Zutaten in ein Teeglas oder eine Kanne und gieße das heiße Wasser herüber. Lass das ganze Ziehen und denke dabei an Jaque dé Shazer und welch unvergleichlichen Mehrwert er für Dein Leben bringt.

Wenn der Tee gut durchgezogen ist, gib, wenn Du es brauchst, noch Honig hinein.

Die im Glas schwimmenden Zutaten kannst Du gern nebenbei noch naschen während Du den Tee trinkst.

Cold Jaque Tee Shazer

Ein heißer Tag am blauen Meer? Der Sand unter Deinen Füßen, Salz auf Deiner Haut und in Gedanken bei Jaque dé Shazer? Baby, das geht vielen Menschen so und ich, Jaque dé Shazer, habe ein Rezept, mit dem Du Dich noch viel wohler fühlen wirst in diesen Momenten. Cold Jaque Tee Shazer.

Was solltest Du dafür möglichst da haben?

Schwarzen Tee

Zitronen

Orangen

Minzblätter

1 Vanilleschote

Koch schwarzen Tee, schneide die anderen Zutaten klein und lege sie mit in den Tee. Lass alles abkühlen, stell das ganze in den Kühlschrank und genieß es eiskalt, bei der oben beschriebenen Situation oder in anderen Situationen, in denen es Dir gefällt.

Classic Jaque

Ein Classic Jaque ist ein Cocktail, der das versprüht, was ich auf einer Cocktailparty, und sonst natürlich auch, darstelle: Coolness, Eleganz, Anmut, klassischen Charme, Glamour und Einzigartigkeit. Einfach ein Classic Jaque. Du bist nun bestimmt neugierig, auf dieses Getränk. Dann lass uns doch mal sehen, ob Du die Zutaten dafür zu Hause hast oder ob Du noch was einkaufen muss!

Wodka

Trockener Martini

Oliven

Den Wodka (5 cl) und den Martini (1 cl) in einem Gefäß mit Eiswürfeln verrühren. Eine Olive in ein Glas geben und das Getränk darüber geben.

Lengnong 2000

Lady Lengnong, eine treue und loyale Wegbegleiterin von mir, dem großen Jaque dé Shazer ist das folgende Getränk gewidmet, welches ihr wie auf den Leib geschnitten ist.

Wenn Du auch einen Lengnong 2000 trinken möchtest, dann kauf die folgenden Zutaten ein:

Wodka

1 Limette

Wurzelbier

Minze

Ganz nach dem Stil von Lady Lengnong nimmst Du ein Kupfergefäß. Aus allem anderen schmeckt dieses Getränk nicht und Du beleidigst Jaque dé Shazer, wenn Du es in anderen Gefäßen zubereitest!

Fülle Eiswürfel in den Becher. Wenn Dir beim Gedanken an Jaque dé Shazer zu heiß wird, dann kühl Dich damit ruhig ab. Kipp 5cl Wodka drauf. Auf den Wodka legst Du die Minzblätter und presst die Limette. Last but not least füllst Du den Krug mit Wurzelbier auf.

Love

Love, ein Wort, dass in Verbindung mit mir, Jaque dé Shazer, eine besondere Bedeutung hat. Meine grenzenlose Liebe, die die Menschen durchdingt, findet sich in diesem Getränk wieder, dass ich gern reiche, wenn ich mit jemandem auf etwas besonderes anstoße. Hier hat dieser Mensch nicht nur die Ehre mit mir ein Getränk einzunehmen und meine Liebe zu spüren, sondern sie dabei auch voll und ganz zu schmecken.

Aber pass auf: wenn Du zu viel Love trinkst, solltest Du Dich auf des Gefühl grenzenloser Liebe einstellen!

Was brauchst Du?

Roséwein

Orangen

Champagner

Mische Roséwein mit etwas Champagner. Schneide eine Orange auf und lege die Scheibe mit in das Glas. Spüre und schmecke die Liebe.

The herbal Shazer

The herbal Shazer ist ein erfrischendes Cocktailgetränk, welches ich in Patong erfunden und dort etabliert habe. Geehrt von Bhumibol, in dessen Penthouse in Patong jährlich ein Cotillon exklusiv für mich, Jaque dé Shazer, anlässlich des Jahrestages der Erfindung des Getränkes stattfindet, ist er zu einem salonfähigen Drink geworden.

Was brauchst Du dafür?

Lao Kao

Tonic Water

Rosmarien

Die Blüte einer lila Orchidee

Fülle Eiswürfel in ein Glas. Lege einen Zweig Rosmarien dazu. Fülle 5cl Lao Kao auf und den Rest des Glases mit Tonic Water. Als Zeichen der Liebe von Jaque dé Shazer leg eine lila Orchideenblüte als Topping drauf. Chiyo!

Jaque Royal

Das Getränk, dass in all meinen Dependancen rund um den Globus immer zu finden ist, ist der Jaque Royal. Wer in die Welt des Jaque dé Shazer tritt, hat dieses Getränk mindestens schon einmal getrunken.

Möchtest Du das Gefühl spüren, dass dieses Getränk auslöst? Dann kauf folgendes ein:

Champagner

Cassissirup

Fülle einfach ein Glas mit Champagner voll und gebe etwas Cassissirup hinzu. Der Jaque Royal kann nun genossen werden.

Kapitel 5: Voll Laser – weise Worte von Jaque dé Shazer

Ein Interview von Kristin Schulze mit Jaque dé Shazer

In diesem Kapitel möchten wir Ihnen noch einmal die Gelegenheit geben den echten, wahren, einzigartigen Jaque dé Shazer im gedruckten Wort vorliegen zu haben.

Interviews mit Jaque dé Shazer sind selten und noch nie gab es in Interview dieses großen Mannes in Transkriptform. Wir haben uns bewusst dafür entschieden Ihnen dieses einmalige Erlebnis zu bieten, denn jede Reduktion, jede Kürzung, jede Zusammenfassung und jede Änderung eines noch so kleinen Wortes würde die Inhalte, die Weisheit der Worte, die unendliche Tiefgründigkeit des Jaque dé Shazer nur verzerrt wiedergeben.

So hat ein jeder Mensch die Chance die Worte des Jaque dé Shazer zu lesen, wie sie sind. Auch können Sie sich beim Lesen vorstellen, dass Sie ihm persönlich face to face gegenübersitzen und seiner Stimme lauschen.

Ein Postscript zum Interview ist leider nicht möglich. Wir denken, dass Sie dies gut verstehen können, denn es ist unendlich schwer treffende Worte zu finden, die das Postscript füllen würden. Schließlich war dieses Interview mit Jaque dé Shazer.

Tauchen Sie in den folgenden Seiten ein in eine Welt, die von Liebe, von Klugheit, von Menschlichkeit – einfach von Jaque dé Shazer geprägt ist.

So soll hiermit der Abschluss gefunden werden für eine Reise, die uns unser ganzes Leben lang begleiten wird.

Jaque dé Shazer hat uns in den Kreis derer aufgenommen, die ihm bei Instagram folgen dürfen. Wir danken Dir, lieber Jaque dé Shazer für die Einblicke, die Zeit, die Liebe, wir danken Dir dafür Dir folgen zu können und wissen, dass Du immer bei uns bist.

Das Interview:

Kristin Schulze:

Herzlich willkommen, Jaque dé Shazer, vielen Dank, dass du heute bei uns bist. Ich kann es noch gar nicht fassen, dass du, als wirklich große Persönlichkeit, hier und heute im Interview bist, wow, also, ich bin auch wirklich ein bisschen aufgeregt. Nun durften wir auch schon ein paar Monate und Wochen mit dir verbringen und dich begleiten, was für uns wirklich eine ganz, ganz tolle Erfahrung und Bereicherung war. Und wir hoffen jetzt, dass wir durch das Interview auch das Leben vieler anderer Menschen bereichern können. Ich würde sagen, wir fangen einfach direkt mal an und ich starte mit der Frage. Erzählen Sie mir doch einmal, wie Sie zum Kochen gekommen sind? #00:00:38-9#

Jaque dé Shazer:

Baby, erst einmal sage ich dir, du brauchst nicht aufgeregt sein, Jaque dé Shazer ist für dich da und bleibt immer für dich da, in deinem Herzen, bei deinem Herzen, mit deinem Herzen und lass das Sie weg, okay, wir können Du sagen, so wie wir es auch in der Zeit gemacht haben, in der ihr mich begleitet habt, die auch mein Leben ein wenig bunter gestaltet hat und ich freue mich wirklich darüber, dass ihr so eifrig das annehmt, was ich euch mitgebe, ich, Jaque dé Shazer. #00:01:12-2#

Kristin Schulze:

Auf jeden Fall, also, wie schon gesagt, es war für uns einfach eine Zeit, die wir nie mehr vergessen werden. #00:01:17-8#

Jaque dé Shazer:

Girl voller Liebe, du musst mir trotzdem noch einmal die Frage sagen, ich habe sie vergessen. #00:01:23-9#

Kristin Schulze:

Es ging darum, wie du zum Kochen gekommen bist? Was hat deine Leidenschaft entfacht? #00:01:29-5#

Jaque dé Shazer:

Also, ich habe früher fast nur auswärts gegessen, dort wo ich eben gerade war. Ich muss kurz nachdenken, ich weiß die Situation noch, als wäre sie gestern gewesen. Ich war in Cannes an der Croisette shoppen und bei Hermès war es so, dass ich mir gerade neue Lederhandschuhe kaufen wollte. Ich weiß noch, es waren hellbraune, cognacfarbene Lederhandschuhe für Jaque dé Shazer, denn die passten damals gut in mein Cabrio hinein, weil das auch braune Sitze hatte. Man muss sich ja auch so gut fühlen dabei. Eine

Info an alle da draußen, wenn euer Cabrio cognacfarbene Sitze hat, Leute kauft euch cognacfarbene Handschuhe dafür, sonst ist es nicht das Gefühl. Ihr müsst es tief in euch fühlen, den Cognac oder was auch immer für eine Color ihr dort habt. Wie gesagt, ich war bei Hermès und ich hörte zwei Damen sich unterhalten, die über die Parties sprachen, die in der näheren Umgebung stattfanden und dort wurde sinnbildlich gesagt, die ganzen Caterer, das ist alles nichts, das ist immer das gleiche, auf jeder Party, das gleiche Essen. Und mir wurde klar, hey, Jaque dé Shazer, dachte ich zu mir, Baby, so ist es. Und ich ging auf die beiden zu und nahm sie in den Arm und sagte, wir müssen kochen, Girls, wir alle müssen kochen. Und der einen standen Tränen in den Augen, die andere weinte sofort los, ich weiß es noch, als wäre es gestern gewesen und wir gingen dann noch ein Stück zusammen die Croisette entlang. Und ja gut, die wollten dann zu Dior, ich wollte zu Saint Laurent, also von daher, haben wir dann angefangen zu kochen und das zog sich dann durch viele, viele Menschen, einige habe ich ja auch in den Geschichten zu meinen Rezepten erwähnt, beispielsweise Lady Lengnong und ähnliche Größen, die dann zum Kochen gekommen sind und so erfülle ich auch mein Leben und euer Leben jetzt mit selbstgekochten Sachen, die nicht alle vom Caterer kommen. #00:03:56-5#

Kristin Schulze:

Ja, vielen Dank. Aber nun ist Kochen ja nicht nur einfach kochen, sondern wie lebst du diese Leidenschaft? #00:04:06-9#

Jaque dé Shazer:

Ein weiser Mann sagte einmal, Love will keep us together. Und so denke ich, ist es auch beim Kochen, also mit den Händen etwas zubereiten, die Komponenten zusammenführen, ja? Und es ist ja auch so, wenn du etwas ändern willst an deinem Leben und etwas kreieren willst aus deinen eigenen Händen und aus der Liebe, die Jaque dé Shazer für dich empfindet und für deinen Herd empfindet und die in die Gerichte kommt. If you want to change the world, also in diesem Sinne muss man an Michael Jackson denken, der mal gesagt hat, if you want to make the world a better place, think of yourself and make a change, und das ist es. Fange bei dir an, nein, fange bei mir an, fange bei Jaque dé Shazer an, ja? Und wenn die Liebe dich durchströmt, dann weißt du, dass der richtige Zeitpunkt da ist, um zu Kochen. #00:05:21-1#

Kristin Schulze:

Ja, also ist Kochen auch einfach Liebe? #00:05:24-4#

Jaque dé Shazer:

Und Jaque. #00:05:25-5#

Kristin Schulze:

Und Jaque natürlich. Jaque, wenn du auf dein faszinierendes und einflussreiches Leben mit tollen Persönlichkeiten zurück schaust, welche prägenden Erinnerungen hast du zum Thema Kochen? Was waren prägende Ereignisse? #00:05:40-0#

Jaque dé Shazer:

Also, ich habe ja an vielen Orten der Welt gelebt und es gibt ja auch nicht nur das Kochen, sondern auch das andere Herstellen von Produkten. Wenn ich jetzt an Cocktails denke, zum Beispiel an meine Zeit in Patong, in der ich dann die Ehrung von Bhumibol bekommen habe, als ich damals diesen Wahnsinns Drink erfunden habe. Das könnt ihr alle, Girls and Boys and the others, im Buch nach lesen, es ist immer die Atmo, die dort mit hineinspielt, ja? Gedanken ans Kochen hängen immer damit zusammen, wer ist bei Jaque dé Shazer, ja? Wie hast du es denn empfunden, als wir das erste Mal etwas gekocht haben? Ich meine, es war das Jaque de Caker, glaube ich, den wir zusammen als Einstieg gebacken haben, was empfandest du da, was ging dir durch den Kopf? Ich meine, für manche Leute, die nicht bei uns waren, wird das ein Dienstag gewesen sein, aber für dich war es wahrscheinlich ein besonderer Tag in deinem Leben. #00:06:44-5#

Kristin Schulze:

Es war ein sehr besonderer Tag, es war ein Gefühl von Glück, purem Glück, Liebe, aber auch, ja, ich möchte fast sagen, es war eine Erleuchtung. Also so etwas habe ich vor ab tatsächlich noch nie gefühlt. #00:07:00-1#

Jaque dé Shazer:

Ja Girl, so soll es auch sein mit den Gefühlen, dass es fast schon die Erleuchtung ist, die du erhältst, so wirst du bestimmt auch in deinem Leben viel nachkochen von dem, was wir zusammen gemacht haben. #00:07:14-7#

Kristin Schulze:

Das werde ich auf jeden Fall, also ich kann gar nicht mehr ohne die Gerichte von Jaque dé Shazer. #00:07:22-2#

Jaque dé Shazer:

Von wem auch sonst? #00:07:23-4#

Kristin Schulze:

Gut, Jaque dann würde ich jetzt einfach weiter machen #00:07:25-4#

Jaque dé Shazer:

Gerne. #00:07:25-7#

Kristin Schulze:

mit der nächsten Frage. Jetzt hast du ja schon so viel zu deinen Beweggründen erzählt und auch von deiner Leidenschaft schon viel berichtet, nun wollen wir natürlich auch wissen, was ist denn jetzt dein absolutes Lieblingsgericht, welches ist Jaque dé Shazers Favorite Gericht? #00:07:46-0#

Jaque dé Shazer:

Also, ein Favorite Gericht kann ich dir gar nicht sagen, aber ich kann dir sagen, wie ein guter Tag im Leben von Jaque dé Shazer abläuft, wenn du das möchtest? #00:07:54-6#

Kristin Schulze:

Oh ja, unbedingt, bitte. #00:07:55-7#

Jaque dé Shazer:

Also, ich überlege gerade, es sind so viele Erinnerungen und Geschichten, wo fängt eine richtig gute an. Also, ich war in L.A. und bin dort morgens aufgewacht in meinem Haus und habe gedacht, Jaque and egg, that's your breakfast baby und dann habe ich Jaque and egg gemacht. Am gleichen Tag hatte ich abends eine große Party mit den üblichen Verdächtigen aus der Nachbarschaft und wollte gerne ein kleines Buffet machen, aber diese Caterer, du weißt ja, auf jeder Party gibt es den gleichen Fraß, es ist nicht auszuhalten und du brauchst etwas mit Liebe, Love, love, love, hat Christian Anders einmal gesagt. #00:08:50-4#

Kristin Schulze:

Und so ist es. #00:08:51-4#

Jaque dé Shazer:

Und so ist es auch, ja? Zum Mittag habe ich mir einen Cold Jaque dé Shazer und ein Be Gentle like a Lentil gekocht und mir dann überlegt, was könnte es sein, was ist es, was brauchen die Leute, wenn sie zu Jaque dé Shazer auf die Gartenparty kommen, ja? Es ist alles in meinen besten Farben dekoriert gewesen, das habe ich mir schon vorher ausgedacht. Ich hatte Lauren Guder beauftragt die Partydekoration zu machen und sie hat es super hingekriegt mit einem Motto. Und dann habe ich gedacht, womit kann man denn da anfangen bei einer solchen Party. Und ich bin dabei hängen geblieben ein kleines Buffet zu machen, denn ein Menü mit verschiedenen Gängen, das macht die Leute nicht so glücklich, wie wenn sie sich selber all das nehmen können, was Jaque dé Shazer mit seinen eigenen Händen gezaubert hat. #00:09:57-2#

Kristin Schulze:

Das stimmt. #00:09:57-6#

Jaque dé Shazer:

Also, es gab es Jaque Dip Shazer mit ganz vielen verschiedenen Aufstrichen dazu. #00:10:02-8#

Kristin Schulze:

Das hört sich sehr gut an. #00:10:03-6#

Jaque dé Shazer:

Ja, du kennst es ja? Ich habe sechshundert Jaque Dip Shazers gebacken an dem Tag. Ich habe noch Kartoschkas dé Shazer dazu gemacht, damit die Leute ein wenig etwas kalorienhaltiges noch dazu haben und kleine Gläschen mit Heaven must be missing a Shazer, dem Nachtisch überhaupt, ich habe ihn mit Erdbeeren gemacht statt mit Himbeeren und fresh zu trinken gab es Lengnong 2000 und Love. Zwischen diesen zwei Cocktails konnten die Menschen wählen, denn zu viele verschiedene Getränke, das hebt die Stimmung nicht gerade. #00:10:49-3#

Kristin Schulze:

Das hört sich wirklich einfach nach einem Gaumenschmaus an. #00:10:52-7#

Jaque dé Shazer:

Ja. Ich habe auch einmal ein Dinner gegeben für eine bestimmte Person, deren Namen ich hier wahrscheinlich eher nicht sagen darf, weil mein Fanclub möglichst exklusiv bleiben möchte. Ich sage nur so viel, sie kommt aus der Nähe des britischen Königshauses und ich habe Ragout dé Shazer gekocht. Ich habe Regenbogentropfen geweint, als ich die Zwiebeln gepellt habe, denn Jaque dé Shazer weint nicht, Jaque dé Shazer laufen kleine Regenbogen aus den Augen, wenn es ihn berührt. Und dazu gab es Jaque Royal, ganz klassisch zum Ragout dé Shazer. #00:11:40-7#

Kristin Schulze:

Damit kann man nichts falsch machen. #00:11:41-7#

Jaque dé Shazer:

Nein, da kannst du nichts mit falsch machen und du kannst jeden Menschen damit überzeugen. Weißt du, ein bisschen Champagner, ein bisschen Cassis und es schwirren kleine Herzen über deinen Kopf, wenn du Jaque dé Shazer anguckst und dieses Getränk nippst. Wie ging es dir, als du den Jaque Royal zum ersten Mal probiert hast? #00:11:59-0#

Kristin Schulze:

Ja, es war ein prickeln in meinem Mund, es war auch, wie du schon diese Regebogen beschreibst, ich hatte das Gefühl, dass kleine Regenbogen aus meinem Mund hüpfen, also es war wirklich Wow. Also, ich kann es gar nicht in Worte fassen dieses Gefühl, es war einfach Wow. #00:12:16-9#

Jaque dé Shazer:

Okay, there's no Business like Showbusiness, Baby. #00:12:20-6#

Kristin Schulze:

Ja. Da stimme ich dir vollkommen zu. Nun würde ich nochmal direkt anknüpfen wollen, du hast ja schon erzählt, deine Fanbase ist ja nun sehr exklusiv, wie schafft man es, so exklusives Klientel für sich zu gewinnen, wirklich so rühmenswerte Personen zu erreichen? #00:12:41-7#

Jaque dé Shazer:

Ja, ich denke, die Menschen erreiche nicht ich, die Menschen suchen mich, die Menschen suchen nach Sinn, die Menschen suchen nach Liebe, die Menschen suchen nach all dem, was Jaque dé Shazer ihnen bietet, all around the world. Und ich muss sagen, wo ich hinkomme, gibt es immer wieder Menschen, die auf mich zukommen und sagen, Jaque, ich brauche deine Hilfe, Jaque ich brauche deinen Rat, Jaque kannst du dies und das sagen. Klar kann ich das, ich helfe dir, Jaque ist für euch alle da und Jaque hat immer die richtige und passende Antwort auf deine Fragen. Um diese Frage noch einmal ein bisschen auseinander zu nehmen, wie die Menschen zu mir kommen, es geschieht einfach, wenn es sein soll, das Schicksal shazert die Menschen dort hin und Jaque dé Shazer ist da. #00:13:40-7#

Kristin Schulze:

Hast du denn auch schon einmal negative Erfahrung gemacht, dass Menschen dir gegenüber eher eine ablehnende Haltung hatten? #00:13:50-5#

Jaque dé Shazer:

Nein, das gab es noch nie in meinem ganzen Leben. Ich muss sagen, für viele Menschen ist es bestimmt wirklich schlimm Ablehnung zu erfahren, wie gesagt, ich kenne dieses Gefühl nicht. Dieses Gefühl ist wahrscheinlich sehr, sehr schlimm, aber es gehört auch nicht zum Leben. Komme zu Jaque und du wirst keine Ablehnung erfahren, du wirst Liebe spüren, du wirst Geborgenheit spüren, die Wärme, all das, was auch dein Herz erfüllt hat, Girl, als du mich getroffen hast, oder? #00:14:19-4#

Kristin Schulze:

Also, ich kann dir da nur voll und ganz zustimmen Jaque, aber nun gibt es ja vielleicht auch Personen, die deine Gerichte vielleicht nicht mögen. Oder gab es das denn schon mal, dass Menschen gesagt haben, Jaque and egg ist nichts für mich? #00:14:33-1#

Jaque dé Shazer:

Nein. #00:14:34-0#

Kristin Schulze:

Ganz klar nein? Ich habe mir das schon gedacht, aber ich wollte trotzdem noch einmal nachfragen. #00:14:39-2#

Jaque dé Shazer:

Wenn es kommen würde, würde ich sagen, du hast etwas falsch gemacht bei Jaque and egg, wir machen es einmal gemeinsam, habe keine Angst, ja? #00:14:50-6#

Kristin Schulze:

Du hast ja dieses exklusive Klientel und ich glaube, es schüchtert auch viele Menschen ein, auf dich zuzukommen, weil du eben auf einer anderen Ebene bist? #00:15:02-3#

Jaque dé Shazer:

Das braucht es nicht, ja? Auch du als normaler Mensch bist ja in mein Leben getreten und das ist vollkommen okay. Hey, it's Jaque. #00:15:13-6#

Kristin Schulze:

Ist hier auch noch einmal die Botschaft, ich kann wirklich auch als normaler Mensch an dich herantreten, du würdest mich nicht zurückweisen? #00:15:20-0#

Jaque dé Shazer:

Niemand gehört zurückgewiesen bei Jaque dé Shazer. Mein Herz ist offen und ich möchte, dass alle Menschen glücklich sind und teilhaben an meiner Botschaft der Liebe und der Glückseligkeit in dieser Welt und von mir aus auch in allen anderen Welten. Du merkst es ja an unseren Gesprächen, die oft in die Metaebene der Metaebene gegangen sind, ja? Ich weiß nicht, ob jemand schon einmal diese Ebene, in die diese Gespräche gehen, entdeckt oder erforscht hat, auch davor braucht sich niemand zu fürchten, komm ich meine Welt, I stand by your side, ja? #00:15:57-5#

Kristin Schulze:

Jaque, jetzt sagtest du ja gerade, deine Welt. Wir würdest du denn deine Welt beschreiben, nur für die, die interessiert sind, sich aber bis jetzt noch nicht getraut haben, dich da anzusprechen? #00:16:08-2#

Jaque dé Shazer:

Ich würde vorschlagen, wir beschreiben beide einmal meine Welt, einmal aus der Brille von Jaque und einmal aus der Brille von jemandem, der Jaque in seinem Leben begleitet hat. Ich beschreibe meine Welt als großen Ort der Liebe, großen Ort der Freude, großen Ort der Party, großen Ort der weltlichen Genüsse. Der Himmel ist nicht grau, über dem grau ist blau und über dem blau sind Regenbögen überall zu sehen, in der lieben Sonne und das

Gras ist grün, ja? Und die Orte, an denen sich Jaque dé Shazer aufhält, sind erfüllt von diesen, ich nenne es mal, l'odeure de l'amoure, ja das geht durch das Licht, die Freude, die großartigen Gefühle, ja? One Love Jaque is here, oh my god, baby, yeah, Jaque dé Shazer, also das hält uns alle doch stark, ja, die Aura, das hier sein. Und auch für die, die gerade nicht hier sind, sondern das hier lesen, nicht hier, sondern das für euch dort, meine Lieben, ich bin ja hier, aber für euch bin ich dort und dieses Intentionale, dieses Entgrenzte über dem Buch, dieser Seite, die du gerade vor dir hast und die du liest hinweg, ja, dass die inspirierende Vibration durch die Wupptität der Erde, die dich von Jaque dé Shazer bis an den entferntesten Ort erreichen wird, das ist es doch, was du brauchst und was du siehst. Mache bitte an dieser Stelle einen Moment die Augen zu, lies nicht weiter, nein, mache die Augen zu und denke einfach einmal darüber nach und fühle die Vibrationen der Liebe, wie sie jetzt von mir zu dir gesendet werden, denn ich spüre, du liest dieses Buch, ich weiß es, ja? Und meine Liebe erreicht dich über Grenzen, über Länder hinweg, sie fliegt auf dem Rücken kleiner Zebrafinken zu dir, die dann bei dir landen und mit ihren kleinen roten Schnäbelchen sagen, Jaque, Jaque und du fühlst es, du fühlst es und die kleinen Vögel fühlen es auch, denn auch sie werden erfüllt von der Liebe und dem Licht von Jaque dé Shazer. In L.A. sagen wir, the alighting of Jaque dé Shazer, ja? Ich erinnere mich, in Juan les Pins am Strand lag eine Frau mit einem Mojito in der Hand. Ich habe gerade den ersten Schluck meines Pina Colada getrunken, weil ich einmal etwas anderes probieren wollte, das nächste Getränk war dann ein Royal Jaque, okay? Und sie war unzufrieden mit ihrem Getränk und ich habe gesagt, Girl, was ist mir dir und sie sagte, mir fehlt etwas und ich gab ihr meinen Royal Jaque. Eine ganz andere Frau lag dann dort. Ihr Körper war plötzlich umfasst von tiefer, nie versiegender Liebe und Freude und so ist es gekommen, dass diese Frau mir gerne folgen wollte und ich gesagt habe, hey, klar, Jaque ist für dich da Baby, Jaque ist für alle da Baby. Und so kam es, dass auch diese Gräfin mit der markanten Brille, die ich hier nicht näher beschreiben möchte, ihren Weg zu mir fand und auch ihren Weg zur Diversity fand und jetzt sehr, sehr viele gute Sachen macht für diese Welt in der wir alle leben und ihr alle mit Jaque dé Shazer lebt. Wie empfindest du denn die Sache? #00:20:52-6#

Kristin Schulze:

Also, wow, Jaque, deine Erklärung war einfach atemberaubend. Also, ich kann mich da nur anschließen, es ist eine ganz andere Welt, wenn man einmal diese Liebe spüren durfte. Und ich finde es einfach so wahnsinnig, wie du diese Komplexität der Heterogenität auch bedienen kannst. Da bin ich jedes Mal überwältigt, weil das kann niemand sonst, niemand sonst hat diese Fähigkeiten, Kompetenzen. #00:21:20-0#

Jaque dé Shazer:

Es geht ja auch um die Ausdifferenzierung von Lebenswelten in der heutigen Gesellschaft und der damit verbundenen anthropologischen Konstante oder? // Das meinst du oder? #00:21:29-0#

Kristin Schulze:

Die Pluralisierung // der Lebenswelten, ja. #00:21:30-3#

Jaque dé Shazer:

Genau das, ich spüre das. #00:21:31-4#

Kristin Schulze:

Genau das ist der Punkt und das finde ich so beeindruckend, wie du das managen kannst. Was würdest du sagen, was für Fertigkeiten, Kompetenzen muss man haben, um eben genau diese Komplexität bedienen zu können? #00:21:44-1#

Jaque dé Shazer:

Du musst Jaque dé Shazer sein. #00:21:46-3#

Kristin Schulze:

Also, würdest du schon sagen, für andere ist leider... #00:21:49-5#

Jaque dé Shazer:

Würdest du es anders sehen, sage es mir. #00:21:51-9#

Kristin Schulze:

Nein, du hast ja recht. Man ist dazu geboren oder eben nicht. #00:21:57-5#

Jaque dé Shazer:

Ja. Und genau das ist es, warum, glaube ich, ihr alle zu Jaque dé Shazer kommt. Weil es eben das ist, was euch anzieht, das ist, was mich ausmacht und was auch irgendwann euch alle ausmachen wird. Nicht nur beim Kochen, aber durch dieses Kochen könnt ihr alle ein wenig davon mehr spüren und näher bei mir sein. #00:22:23-3#

Kristin Schulze:

Ja, auch das durfte ich schon fühlen und das kann ich auch wirklich allen nur empfehlen und nahelegen, dieses Gefühl einmal durch deine Gerichte zu erleben. Also, ich hatte das Gefühl, du stehst neben mir. #00:22:35-3#

Jaque dé Shazer:

Auch wenn ich nicht da bin. #00:22:36-8#

Kristin Schulze:

Auch, wenn du nicht da bist. Und wenn ich Jaque n egg mache zum Beispiel, drehe ich mich um und ich merke diesen leichten Atem von Jaque dé Shazer in meinem Nacken. Ein Gänsehautmoment. #00:22:48-2#

Jaque dé Shazer:

Also, ich erinnere mich an einen Moment in Monaco, als ich nicht zugegegen war. Es wurde die π Soup nach meinem Vorbild gekocht, oben am Grimaldi Palast und plötzlich feuerten die Kanonen die vor diesem Palast stehen, just in dem Moment, als ich auf dem Rücken eines Zebras daher geritten kam. Und die Menschen sagten, Jaque, ich winkte den Leuten in meiner bekannten Art. Und dann kam Carolin auf mich zu, wir kennen sie alle, und nahm mir erst einmal mein Zebra ab, welches nicht schwarz gestreift war, möchte ich sagen, sondern in jeglicher Couleur des Regenbogens gestreift auf die Welt gekommen ist, da es auf meiner Farm in Südafrika auf die Welt gekommen ist. Und in Namibia habe ich auch einen Landsitz, ja? Ich bin mit diesem Tier um den Züricher See geritten, ich bin mit diesem Tier durch den Gotthard Tunnel geritten und ich muss sagen, die Steigung hoch zum Monegassen Palast war ein leichtes für dieses Zebra, welches eigentlich ein sehr zartes Tier ist. Wusstest du, dass Zebras am Gotthard Tunnel keine Maut bezahlen müssen? #00:24:29-8#

Kristin Schulze:

Was, Zebras müssen keine Maut bezahlen, das kann ich mir nicht vorstellen? #00:24:35-7#

Jaque dé Shazer:

Ja, das gibt es nämlich in der Schweizer Tabelle nicht. #00:24:38-7#

Kristin Schulze:

Also, das habe ich nicht gewusst. #00:24:42-3#

Jaque dé Shazer:

Eben, ich erinnere mich auch noch an den Tag, als ich dann noch zu Gräfin Paibpgke aus Peine, die in Basel residierte, ritt und sie fragte, sag an Waibpgke Paibpgke, sag dem Jaque, müssen Zebras bei euch in der Schweiz keine Maut bezahlen? Und sie sagt, oh Jaque, wir haben gar keine Zebras in der Schweiz. Und ich sagte, steig auf, wir reiten gemeinsam bis nach Bad Zurzach und gehen ins Thermalbad mit unserem Zebra und so kam es auch. Hinterher waren wir dann noch ein Göckeli essen, das ist ein sehr raffiniertes Gericht aus der Schweiz, bei uns heißt das Brathähnchen oder Bräuler oder Chicken. #00:25:39-0#

Kristin Schulze:

Wow, aber jetzt sag nochmal, Zebras müssen wirklich keine Maut bezahlen? #00:25:43-6#

Jaque dé Shazer:

Nein, keine Maut. Und das lag nicht an Jaque dé Shazer, sondern an dem Zebra. In keiner Ecke der Schweiz, in keinem Kanton. Also liebe Leute, wenn ihr in der Schweiz seid, fahrt nicht mit dem Auto, nehmt nicht das Pferd, nehmt nicht den Esel, nehmt nicht euer Gnu mit, reitet nicht auf dem Vogelstrauß, sondern reitet auf euren Zebras. #00:26:11-4#

Karin Schulze:

Da könnt ihr eine Menge Geld sparen. #00:26:13-2#

Jaque dé Shazer:

Aber wie. #00:26:14-3#

Karen Schulze:

Gut, also auch noch einmal vielen Dank dafür. #00:26:16-6#

Jaque dé Shazer:

Und es ist ökologisch auch sinnvoller, als mit dem Auto zu fahren oder mit dem Hubschrauber zu fliegen. Gut, ich fliege viel mit dem Privatjet, weil es auch einfach manchmal schnell gehen muss. #00:26:27-5#

Kristin Schulze:

Dass du mit dem Privatjet fliegen musst, das ist ganz klar. Wir sind ja auch für das Thema Nachhaltigkeit und dafür COzwei einzusparen, aber Jaque dé Shazer, das geht nicht, da würden wir uns etwas vor machen, das wäre so nicht möglich. #00:26:43-4#

Jaque dé Shazer:

Ja, // ich denke gerade/ #00:26:45-0#

Kristin Schulze:

Wenn nicht auf einem Zebra, // dann braucht er seinen Jet. #00:26:46-0#

Jaque dé Shazer:

Ich denke gerade auch, wie ich vor einiger Zeit in einer Eisdiele an meinem Zitronenhain am Lago Maggiore saß und weil ich dort mit einem Maserati Quattro Porte fuhr, habe ich gedacht, der Umwelt zuliebe, warum denn dieses viertürige Auto, das braucht doch nicht sein, du brauchst doch nur einen Sitz und einen Sitz für die Liebe. Und so habe ich diesen Maserati eingetauscht gegen einen Ferrari mit zwei Sitzen und mit dem fahre ich jetzt am Lago Maggiore meine Runden, herunter von meinem Zitronenhain, hin zu der Eisdiele, die dort wirklich ganz tolles Eis macht und eine Sorte nach mir benannt hat, Jaque dé Shazer. #00:27:47-8#

Kristin Schulze:

Ich kann mir vorstellen, dass dieses Eis wahrscheinlich meist ausverkauft ist. Und auch noch einmal zu dieser Tat, dieses Auto einzutauschen, auch das hätte nicht jeder getan, #00:27:56-9#

Jaque dé Shazer:

Nein. #00:27:57-2#

Kristin Schulze:

seinen Viertürer für einen zweitürigen Ferrari einzutauschen. #00:28:00-3#

Jaque dé Shazer:

Ja, das ist mein Beitrag für die Umwelt. #00:28:04-6#

Kristin Schulze:

Wow, echt, das ist wirklich faszinierend. Du bist einfach ein faszinierender Mensch. #00:28:10-5#

Jaque dé Shazer:

Ja, das Zebra nehme ich da nicht mit hin, das Klima am Lago Maggiore tut ihm nicht gut. #00:28:14-7#

Kristin Schulze:

Nee, das kann ich verstehen, man muss auch an die Tier denken. #00:28:17-5#

Jaque dé Shazer:

Ganz genau, man muss auch mal an die Tiere denken. #00:28:19-6#

Kristin Schulze:

Jaque, nun haben wir schon so viel erzählt, jetzt bin ich tatsächlich schon bei meiner allerletzen Frage angekommen. Wenn ein Jaque dé Shazer an die Zukunft des Kochens denkt, was wären seine Visionen? #00:28:35-7#

Jaque dé Shazer:

Dass es mehr Menschen gibt, die den Weg finden zu dem Essen zu kommen, was ich kreiere, weil dieses Essen glücklich macht. Egal, welche Race oder Class man hat, der Body muss durch dieses Essen gestärkt und genährt werden. #00:29:08-8#

Kristin Schulze:

Also hat dein Essen ja auch was mit Resilienz zu tun, ja? #00:29:12-6#

Jaque dé Shazer:

Natürlich, ja, isst du mein Essen, wirst du nicht krank. Jaque dé Shazer wird nie krank. Jaque dé Shazer ist immer gesund und vital. #00:29:21-2#

Kristin Schulze:

Das stimmt, das durfte ich miterleben. #00:29:23-2#

Jaque dé Shazer:

Ich bin noch nie krank gewesen in meinem Leben. #00:29:26-0#

Kristin Schulze:

Und du strahlst auch eine Energie und eine vitale Fitness aus, das überrollt einen. #00:29:34-0#

Jaque dé Shazer:

Ja, ich spüre das gerade in deiner Aura. Sie hat sich gerade verfärbt, als du gesagt hast, die Energie, weil du in diesem Moment ein Stück von Jaque dé Shazer in dir aufgenommen hast. Spürst du es? #00:29:48-2#

Kristin Schulze:

Und dafür danke ich sehr, ich spüre es, ja. #00:29:51-0#

Jaque dé Shazer:

Ja. Und genau das können alle Leute machen, wenn sie in Zukunft sich an die Ernährungsvorschriften halten und ganz nach Jaque dé Shazer kochen. Nehmt die Energie in euch auf, nehmt die Liebe auf, nehmt das in euch auf, was gut und richtig ist, nehmt das in euch auf, was Jaque dé Shazer euch allen gibt. #00:30:17-0#

Kristin dé Schulze:

Das wünsche ich auch allen. Nun hast du ja auch einen Instagram Account, um die Leute auch zu erreichen, nehme ich an oder um es ihnen leichter zu machen, dich zu erreichen? #00:30:28-9#

Jaque dé Shazer:

Um auch mit vielen in Kontakt zu sein, ja natürlich. Ich kann nicht überall auf der Welt sein, auch mein Jet ist begrenzt in der Geschwindigkeit, wenn ich jetzt irgendwo hin soll oder muss. #00:30:40-0#

Kristin Schulze:

Und wie gehst du mit diesen Anfragen um, weil ich meine, dein Postfach platzt ja täglich, hast du Assistenten? #00:30:47-1#

Jaque dé Shazer:

Nein, ich beantworte das alles selbst, weil mir jeder Mensch so wichtig ist. Ich prüfe natürlich vorher, wer dort eine Anfrage stellt und ob dieser Mensch wirklich bereit ist für Jaque dé Shazer und es trifft meistens zu, dass die Menschen bereit sind für Liebe, für die Erleuchtung, für all das, was ich euch allen gebe. #00:31:11-6#

Kristin Schulze:

Wird es denn nun in Zukunft auch mal ein Live Kochen mit Jaque dé Shazer geben? #00:31:16-4#

Jaque dé Shazer:

Ich kann es mir nicht vorstellen, nein. #00:31:19-7#

Kristin Schulze:

Schade. #00:31:22-2#

Jaque dé Shazer:

Das tut mir leid. Du durftest es live erleben. #00:31:26-1#

Kristin Schulze:

Ein Schicksalsschlag. #00:31:26-8#

Jaque dé Shazer:

Bedauerlich ja. Einige Menschen durften es sehen, aber es gibt auch die Möglichkeit, alles nachzukochen und zu spüren. #00:31:35-2#

Kristin Schulze:

Okay. Also sagst du, das braucht man gar nicht? Während man deine Gerichte kocht, ist man schon in diesem Gefühl, Jaque dé Shazer wirklich nah zu sein, ist man schon angekommen. #00:31:46-5#

Jaque dé Shazer:

Ja. #00:31:46-7#

Kristin Schulze:

Okay. Ja Jaque, wow, dann wäre ich auch mit meinem Interview am Ende, meine Fragen hast du mehr als beantwortet, ich habe immer noch Gänsehaut am ganzen Körper, ich zittere und weine auch innerlich vor Freude. Genau, ich möchte wirklich einfach noch einmal Danke, Danke, Danke sagen. Dieses Interview wird mir noch lange in Erinnerung bleiben, so wie die gemeinsame Zeit mit dir und ich hoffe, dass ich viele andere Menschen mit deiner Geschichte berühren und erreichen kann, was ja eigentlich außer Frage steht. Danke Jaque. #00:32:19-6#

Jaque dé Shazer:

Sehr gerne. Und eine Botschaft an euch alle und auch an dich liebes Girl, ich möchte es gerne mit Zitaten sagen, denn denke ich, damit könnt ihr viel anfangen, egal wo du bist, Peter Sarstedt nannte es, where do you go to my lovely, ja, möchte ich folgende Botschaft von mir geben, auch wenn David Guetta sie bereits in einem Lied vermarktet hat, so take my hand, don't be afrait, we get trough it all together, let's love, Jaque. #00:33:00-7#

yes

I want morebooks!

Buy your books fast and straightforward online - at one of world's fastest growing online book stores! Environmentally sound due to Print-on-Demand technologies.

Buy your books online at
www.morebooks.shop

Kaufen Sie Ihre Bücher schnell und unkompliziert online – auf einer der am schnellsten wachsenden Buchhandelsplattformen weltweit! Dank Print-On-Demand umwelt- und ressourcenschonend produzi ert.

Bücher schneller online kaufen
www.morebooks.shop

KS OmniScriptum Publishing
Brivibas gatve 197
LV-1039 Riga, Latvia
Telefax: +371 686 204 55

info@omniscriptum.com
www.omniscriptum.com

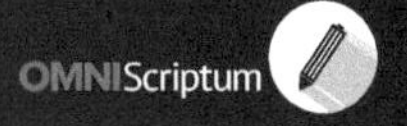

Printed by Books on Demand GmbH, Norderstedt / Germany